AF746176

सती

शक्ति का पहला नाम

Tikshala Raje

BookLeaf Publishing
India | USA | UK

Made with ❤ on the BookLeaf Publishing Platform
www.bookleafpub.in
www.bookleafpub.com

Dedication

तुम हो तो सब है,
तुम नहीं तो जीवन व्यर्थ है।
तुमने मुझे सँवारा है,
तुमने ही मुझे अपने हाथों से बनाया है।

सबके नसीब में नहीं, पर मेरा भाग्य तो बस तुम्हारा है,
तुमने गले लगाया, सिर पर अपने स्नेह का ताज सजाया है।
जब मैं खुद को भी भूल गई थी,
तुमने मुझे मेरा अस्तित्व फिर से याद दिलाया है।

सबने ताने दिए, थप्पड़ मारे, दूर किया,
पर सिर्फ तुमने बिन शर्त निभाया है।

मैं आज ज़िंदा ना होती,
अगर तेरे प्रेम ने मुझे थामा न होता।
तेरे चरणों में ही मेरी हर हार ने सुकून पाया है,

अब माँ पार्वती से बस इतना बतयाना है—
तुम हर जन्म, हर क्षण, मेरे महादेव के साथ रहना,
सबने महादेव को अपनाया है,
पर महादेव ने अपना सिर्फ तुम्हें ही बनाया है।

Preface

"वो कौन थी?"

वो कौन थी, कोई न जानता था,
पर उसके आँचल में कोई रहस्य छुपा तो जरूर था।
अपने पिता की लाडली, ये हर मनुष्य जानता था,
पर आत्मा में बसी ज्वाला को कोई न पहचानता था।

ऐशो-आराम में पली, पर आत्मा थी तप में ढली,
एक राजकुमारी, जो सिर्फ़ प्रेम की मारी थी।
सोने की पालकी में बैठी थी,
फिर भी अंदर से आधी और व्याकुल थी।

वो जो रात्रि से भी डरती थी,
वो कैसे उस श्मशान में जा बसी?
उसके ही साहस की ये कहानी है,
जिसकी अग्नि में भी प्रेम की निशानी है

वो केवल मनुष्य नहीं, वो तो एक देवी थी,
जो मौन में भी गर्जना करती हुई सती थी।
वो महादेव की अधूरी कथा की पहली पंक्ति थी,
जिसके त्याग में ही सृष्टि की अगली पंक्ति थी।

Acknowledgements

स्वीकृति – आदिशक्ति सती को

हे सती,

तुम्हारी चुप्पी ने सृष्टि को झुका दिया था,
तुम्हारे अंत ने आरंभ को जन्म दिया था।
और अब – मुझे अपनी कहानी कहने की अनुमति दो।

मैं जानती हूं, तुम्हारा नाम अक्सर केवल एक अंत के साथ जोड़ा गया
–
एक जली हुई देह, एक टूटा हुआ प्रेम, एक क्रोधित शिव।
पर मैं जानती हूं, तुम उससे कहीं अधिक थीं।
तुम आग थीं, पर अग्नि में विलीन नहीं हुईं।
तुम मौन थीं, पर सृष्टि तुम्हारे क्रंदन से कांप उठी थी।

अब समय आ गया है –
कि यह युग तुम्हें तुम्हारे संपूर्ण रूप में देखे,
एक नारी के रूप में, जिसने अपने आत्मसम्मान के लिए अग्नि चुनी,
न कि किसी भी ताज के लिए समझौता।

हे सती,
मैं तुम्हारे चरणों में यह लेखन समर्पित करती हूं –
ना किसी यश की कामना है,
ना कोई दंभ है।

सिर्फ एक पुकार है –
कि तुम्हारी आत्मा मुझे आशीर्वाद दे,
ताकि तुम्हारी अधूरी कही कथा,
अब पूर्ण रूप से जानी जा सके।

तुम्हारी एक जिज्ञासु, एक श्रद्धालु,
जो तुम्हारे भीतर छुपी पूरी आग को
इस युग के सामने लाना चाहती है।

1. आदिशक्ति का वचन

हे दक्ष, मैं तेरे घर आऊँ।

आकाश थमा, वायु रुकी,
जब चेतना से पुकार हुई,

ब्रह्मांड के पार, स्वर गूँजा –
"हे दक्ष! सुन, मैं स्वयं शक्ति हूँ, कोई मात्र नारी नहीं।"

मैं केवल पुत्री नहीं, परम सत्य की धुन हूँ।
तू राजा है, मैं सृष्टि की आत्मा,

तेरे द्वार आऊँगी, पर बंधन में न बांध पाओगे,

मुझे न परखना अपने अहंकार की तुला पर,
ना आँकना मुझे अपने नियमों की माला पर।

न है मुझे मोह महलों का,
न श्रृंगारों का गान,

मेरा तो बस एक उद्देश्य –
महादेव से मिलन का ध्यान।

मेरी चेतना, मेरा परम ध्येय,
बस उन्हीं की ओर बढ़ चली,
और जो भी उस मिलन के मध्य आया,
मैं उसे राख कर चली।

मेरा उपदेश कोई ग्रंथ नहीं,
न ही शास्त्रों का बोझ है,
मेरा हर श्वास, हर अग्नि
बस शिवमय संयोग है।

दक्ष ने सुनी आदिशक्ति की वाणी,
आँखों में गहरी आस्था, और मन में संकल्प की धुन।
होठों पर हँसी, और गहरे विश्वास की आन।

"हे माँ, तू रख भरोसा अब अपने पुत्र पर।
जो कुछ भी तुझसे कहा, वह था सभी सत्य।
है, मुझे अपने वचन पर पूरा विश्वास, मैं दक्ष हूँ, राजा हूँ –
सिर्फ इतना ही कहूँगा, तू आयेगी तो, मैं तुझे सबसे ऊँचा स्थान दूँगा,
सिंहासन पर बिठाऊँगा, सिर झुकाकर रखूँगा।

माँ, तू देख, यह मेरा सामर्थ्य है,

तेरी राह में रुकावट नहीं,
तू आ, सब कुछ होगा शुद्ध और सही।"

2. वो सती थी

वो हवा सी थी – छू जाए तो लगे कुछ नहीं,
पर भीतर बहुत कुछ हिला जाए।

कभी बालों में बाँध लेती थी ब्रह्मांड की हवा,
कभी पाँवों से थाम लेती थी दिशाओं की व्यथा।

चाँदनी सी नर्म, पर अग्नि जैसी तेज,
नज़रों में सरलता, मन में संकल्प की रेख।

वो हँसी में छुपी थी कोई चंचल नदी,
जो फूलों से खेलती पर गहराइयाँ थामी रही।

नादान नहीं थी, पर सब कुछ जानना चाहती थी,
अपने ही स्वभाव से अक्सर हैरान थी।

पवित्रता उसमें जन्म से बसी थी,
पर दुनिया की दहलीज़ों से अब तक अनछुई थी।

उसकी मासूम सी बातें, और शरारती सी चाल,
जैसे ब्रह्मा ने खुद रचाई हो कोई दिव्य मिसाल।

प्रेम उसके लिए कोई माँगा हुआ वरदान नहीं था,
वो तो जन्मों से नीडर उसी आग में खड़ी थी,

वो जानती थी प्रेम को, पर नाम नहीं दिया,
शिव से पहले भी – वो बस सती ही थी, ये भी क्या कम था
शिव ने जब उसे पाया, खुद को खो दिया,
सिर्फ प्रेम नहीं, समर्पण भी वह थी, जो दिल से किया।

3. सभा में मौन, भीतर में तूफ़ान

"शिव? कौन शिव? वो औघड़, वो तपी।
दक्ष की सभा में गर्जना गूँजी,

ना रूप में भव्यता, ना शिष्टाचार की रेख,
मेरे बनाये नियम, ना उसने कभी माने

मैं दक्ष हूँ – प्रजापति,
विधि का रचयिता,

और वो?
जो भस्म रमाये,
शमशानों का वासिता।"

सभा सन्न, सब मौन खड़े थे,
सबके जैसे होश उड़े थे,

पर एक व्यक्ति,पिचे मूड चली गई

आँखों में ज्वाला, चुप्पी में सदी गई।

वो सती थी — दक्ष की आन, बान, शान,
पर उस क्षण से हर चीज़ से हुई अंजान।

शिव का नाम सुनते ही,
कुछ भीतर थम गया था।

मानो वर्षों से बंद कोई द्वार खुल गया था
और आत्मा को अपना मूल चेहरा दिख गया था

शब्द नहीं थे, बस एक कंपन था,
जिसमें जीवन का हर उत्तर निहित था।
ना कोई तर्क, ना कोई प्रमाण,
बस नाम "शिव" और भीतर उठा तूफ़ान।

4. परम सत्य

मन का तूफ़ान ले सती निकल गई,
घूमे रात, विहान।
शिव कौन? कौन शिव?
करें अंग के प्राण

सती को विचलित देख, ब्रह्मांड भी तड़प उठा,
गगन में कुछ थमा, पवन भी रुक सा गया।
देवताओं की दृष्टि गई,
और सहायता को एक मुनि वहाँ उपस्थित हुआ

वो न साधारण थे, ना साधारण थी घड़ी,
"नारायण, नारायण" की पुकार से उमली हर कली।

गूंज उठा आकाश, पुलकित हुई धरा,
मानो स्वयं विष्णु ने भेजा हो सन्देश प्रेम भरा।

"हे देवी, तेरे मन की व्यथा मैं जानूँ,
जिसे तू खोज रही – उसे मैं पहचानूँ।
वो है शिव – न तुझसे अलग, न तुझसे परे,
तेरा भूत, तेरा आज, और कल भी उसी से खरे

व्याकुल हो सती बोल उठी, "हे मुनि, ये क्या कह पड़े,
मेरे पिता को शिव, एक क्षण भी न सहे।
वो कहते हैं – भस्म लपेटे, श्मशानों का वासी,
ना मर्यादा, ना माया, है कोई सन्यासी

कैसे हो सकते हैं वही मेरे प्राण?
जिन्हें मेरे कुल ने कभी न दिया सम्मान

मुनि मुस्काए, बोले धीमे स्वर में,
"देवी, सत्य को तर्क से न तोल, न डर में।
तेरा जन्म ही हुआ इसी बोध में,
तू जुड़ी है शिव से हर एक मोड़ में।

दक्ष अहंकार की अग्नि में भूल गया,
वो कौन है, किससे उलझ गया।
तू ही उसकी आख़िरी उम्मीद,
तुझसे ही वो है खड़ा |

सुन शिव का नाम – और कुछ भीतर डोल गया,
मानो जन्मों का धागा फिर से खुद को खोल लीया।
नेत्रों में जल, हृदय में एक थरथराहट थी,
सती के भीतर जाग उठी कोई पुरानी आहट थी

5. अंतर्मन

सुन विधि का विधान, सती समझ गई अपनी पहचान,
निश्चय किया सती ने – जो है पिता का आदेश,
वही मेरा भेष
शिव के ध्यान से दूर हो चली,
लेकिन दिल में गहरी तन्हाई बसी।

महिने बीते, फिर भी न गया शिव का ध्यान,
हर प्रार्थना में गूंजे बस एक ही नाम।
वो मन को समझाती रही – "ये मोह नहीं, ये बस भ्रम है,"
पर हर रात, हर तारे में, शिव का ही कोई स्वर संग है।

वन-भरमण करते-करते एक ऐसा समय आया,
जब भाग्य ने अचानक शिव से ही मिलवाया।
अब मन को मनाना मुश्किल था,
जब सामने था भगवान

आदि शक्ति भीतर से अब बोल पड़ी,
"सती, तू अपने पथ से है हटी।
तू भूल गई कौन है तू, और क्या है तेरा स्वर,

जिसे तू त्याग समझ रही – वही तेरा दर

शिव ने देखा और अनदेखा कर दिया,
पर नयनोंने सती का मौन मन पढ़ लिया।

अचानक सती बदल गई,
दक्ष की बेटी अब रही नहीं ।

ना कुल की मर्यादा, ना डर की छाया,
अब बस एक ज्वाला – **जिससे जग ने "आदि शक्ति" पाया।**

6. अभिमान बनाम ज्ञान

वेदों का ज्ञाता, यज्ञों का राजा,
ब्रह्मा का पुत्र, धन का साजा
प्रसूति की मांग, सती की जान,
नाम दक्ष, जिसके हाथ सृष्टि की कमान

धर्म का प्रहरी, नियमों में बंधा,
किन्तु हृदय में कहीं, एक द्वेष गूँथा

दक्ष तब से चिढ़ा था –
जब शिव ने उसके पिता को श्राप दिया था।
"कैसा है ये तपस्वी? कैसा है इसका ज्ञान?
तूने मेरे पिता से ही छीना पूज्य होने का स्थान!"

अब नहीं सहूंगा ये मौन ठहाके, ये गेरुए वस्त्रों की शान,
मैं हूँ प्रजापति, मैं रचता हूँ विधान!

मेरे नगर में, मेरी सभा में
तेरा प्रवेश भी निषिद्ध है ,
तू ना देवों में गिना जाएगा,
ना मेरे यज्ञ में स्थान पाएगा।"

"शिव के नज़र में दक्ष उचित था,
दक्ष ने बस पिता का मान रखा था।
शिव भोले भंडारी कभी न सोचें किसी की हानि,
मन में बसें समत्व के पुजारी, ना द्वेष, ना कोई कहानी

दक्ष के आरोपों से शिव परे थे,
उन्हें बस अपना ध्यान प्रिय थे।
ना मान की चिंता, ना अपमान का भार,
उन्हीं के इशारों पे चलता ये संसार।
सर्पों का हार, भस्म का श्रृंगार,
शिव हैं विरागी, फिर भी सबसे अपार।

किन्तु अभिमान अंधा कर दे बुद्धि का द्वार,
दक्ष भूल गया शिव को, जो हैं स्वयं काल।
श्रृंगार नहीं, ना कोई आडंबर का ज्ञान,
शिव तो हैं मौन में, परा सत्य का प्रमाण।

सती की नज़र में चल रहा था द्वंद्व अपार,
एक ओर था अभिमान, दूजे शांति का संसार

हैरान थीं आदिशक्ति, त्रस्त हुए प्राण,
गरज थे शब्दों में, मौन में बसा था ब्रह्माण्ड।
सोचती रहीं – कौन है सत्य का असल प्रमाण?
जो ऊँचा बोले, या जो हो मौन में महान

7. सती का वचन

नहीं सती नहीं, शिव का ध्यान त्याग दे,
उस राह न जा, जहाँ पे सब हार दे
तेरा नाम सिर्फ़ सती नहीं, दक्षायणी भी है,
तेरे रग-रग में कुल की मर्यादा, पितु की वाणी भी है

सोच सती, सोच... क्या बीतेगी उस पिता पर,
जब तू उसकी आज्ञा को कर देगी किनारा
जिसने तुझे हर दर्द से छाया दी,
क्या आज तू उसे ही कर देगी पराया?

वो यज्ञों का स्वामी, कुल का मान,
तेरे नाम से रोशन उसका अभिमान
प्रातः, रात्रि—जो 'सती-सती' बोले,
क्या वह सुन पाएगा 'सती' के मुख से 'भोले

माना वो त्रिदेव में है शामिल,
पर क्या हो पायेगा हमारे कुल के काबिल,
वो शमशानवासी, भस्मधारी,
गणों संग तांडव रचता है भारी।
ना समय पर अन्न, ना तन पर वस्त्र,

क्या कर पाएगी ये तू बारी-बारी?

ना स्वर्ण-मुकुट, ना रत्नों की माला,
सिर्फ़ चिता की राख, और गले में सर्पों की माला।
ना कोई सुखासन, ना राजसी ठाट,
सिर्फ़ ध्वनि है डमरू की, और तांडव की बात

सुन शिव की निंदा , सती के अंदर की आदि शक्ति बोल पड़ी,
"बस दीदी, बस—अब और मौन ना हूं खड़ी।"
जिसे तुम श्मशानवासी कह रही,
वो है हर प्राणी का स्वामी,
हर आत्मा में समायी नयी रवानी।

ना रत्न चाहिए उसे, ना राजसिंहासन,
वो तो बैठा है वहाँ,
जहाँ न पहुँच पाए कोई राजा, न कोई याचन

तुम देखती हो राख, नाग, और तांडव की छाया,
मैं देखती हूँ उनमें तप, समर्पण और माया।
अन्न पानि सब से वो परे है,
वो तो सृष्टि के पहले भी खरे है।

हूं मैं आज खड़ी एक दो राहे पे,
पर यक़ीन है मुझे मेरे इरादों के साये पे

मैं दक्षायणी होकर बनूंगी शिव अर्धांगिनी भी,
दोनो आएंगे साथ, करने मेरे दिल की खरी।

मैंने ठानी है यही करने की,
तुम देखना दीदी, मैं होऊंगी सफल भी।
क्योंकि मेरा प्रेम कोई दुर्बलता नहीं,
वो शक्ति है – जो पर्वत भी झुका दे कहीं।

8. सृष्टि से पूर्व

"नारायण नारायण!" कहता पहुँचा मुनि ब्रह्मा लोक,
आँखों में चिंता, मन में उठते अनगिनत शोक।
"अब और ना सह पाऊँ मैं ये सती का दृश्य,
जहाँ अग्नि में जल रही है एक देवी की निष्ठ

वो पहुँचा ब्रह्मा के समक्ष, स्वर में कंपकंपी थी भारी,
"पिता, स्वयं दक्ष ने दिया था वचन,
अब क्यों कर रहा है वह इनकार की तैयारी

क्या सती शिव मिल पाएंगे,
या फिर से अलग-अलग रास्ते जाएंगे

उत्तर दीजिए मुझे इन प्रश्नों का,
कब, कहां, क्यों लिखा गया फ़साना बिछड़ों का।

मौन, ब्रह्मा के अश्रु आँखों से बह गए,
उन्हीं की महात्वकांक्षा इसका मूल है, वह अब जान गए।

क्या कहे नारद,
"थक गया था मैं सृष्टि रचते-रचते,

कई बार किया यत्न, फिर भी रहा अधूरा कृत्य।
ना बन पाई कोई रचना पूर्ण,
हर सृजन में रही कोई कमी, कोई विकलता, कोई व्यर्थ

अब न था कोई विकल्प,
सो ले लिया संकल्प।
जा पहुँचा मैं अर्धनारीश्वर समक्ष—
जहाँ मौन था अनंत
और भाव थे संत

एक देह, एक स्पंदन,
शिव में समाया शक्ति का वंदन
न कोई रूप, न कोई सीमा,
अखंड प्रेम की प्रकट प्रतिमा

फिर किया निवेदन—
"सृजन के लिए चाहिए तुम्हारा विभाजन।"
कर्म के क्रम में पिघलना पड़ा भावों का स्वर्ण,
शक्ति को छोड़ना पड़ा वह अर्ध,
जहाँ सदा से थी वह पूर्ण।

शिव हुए स्थब,शून्य में समाए,
ना अश्रु बहे, ना शब्द आए।
समर्पण में वो स्वयं पिघले,
जैसे तारे भी शांति में निगले।

ध्यान में हुए शिव मग्न,

छोड़ दिए जग के सारे संग
अपना लिया उन्होंने वैराग्य,
जहाँ न मोह, न कोई छंद

इसी कारण लिया शक्ति ने सती का मनुष्य रूप,
बन सके योगिनी, जा सके अपने योगी के समीप।

बोल पड़े मुनि, "धन्य हैं अर्धनारीश्वर,
जिन्होंने सृष्टि हेतु त्यागा स्वयं का स्वर

कितना मूर्खतापूर्ण है दक्ष का अभिमान,
रोकने चला उसे, जिसने रचा ये ब्रह्मांड महान।
भूल गया वह, कौन है आदि का आधार,
जो न दिखाई दे, पर हर कण में हो साकार।

9. नंदा व्रत

धर्ती पे सती ने नंदा व्रत की शुरू की तैयारी,
जब ज्ञात हुआ , नहीं हैं अभी वह शिव सी न्यारी।

पिताश्री ने अब भी ना छोड़ी अपनी गुमानी,
और शिव ने ठुकरा दी अपनी ही सती की कहानी।
दक्ष के अहंकार में उठीं थीं अग्नि की घटाएं,
वहीं शिव, सती से बोले – "पिता के आदेश अपनाएं।"

मातृ-सम्मति बिना अधूरी थी व्रत की गाथा,
प्रसूति ने किया हाँ, बिना किसी बाधा।
जा सती, तेरा प्रेम शिव को हर दिल से भाए,
तेरे इस तप में शाश्वत सत्य समाए।

अश्विन के मास में, शरद की ऋतु छाई,
नंदा तिथि पर सती ने भक्ति की अलख जगाई।
प्रथम, षष्ठी, एकादशी – चंद्रपक्ष के दिवस न्यारे,
हर तिथि पर शिव को नज़रों से उतारे।

कार्तिक की चतुर्दशी आई मधुर बयार में,
सती लीन शिव-ध्यान में,

लड्डू और खीर से किया अर्घ्य निवेदन,
प्रेममय भावों में डूबी, हर अन्न बना अर्पण।

मार्गशीर्ष की अष्टमी आई शीतल सुवास में,
सती लीन रहीं शिव-भक्ति के मधुर प्रकाश में।
जौ पके स्नेह से, तिलों में तप की गंध समाई,
हर अर्पण में श्रद्धा थी, हर सांस में रुद्र समाई।

पौष शुक्ल सप्तमी की भोर में उठ शिव-नाम जपा,
माघ पूर्णिमा की रजनी में, गीले वस्त्रों में ध्यान रचा।
तट किनारे, दीप शिखा, जागरण से रात सजाई,
हर प्रहर शिव के नाम की आरती स्वयं लहराई।

फाल्गुन कृष्ण चतुर्दशी पर, बेल फल- पत्र चढ़ाए,
तीन तीन घंटे अंतराल पर, भक्ति के दीप जलाए।
चैत्र शुक्ल चतुर्दशी को पलाश और दमन फूल,
दिवस-रात्रि शिव को अर्पित, भक्ति रही अनुकूल।

माघ शुक्ल तृतीया पर तिल-जौ से किया अर्घ्य विशेष,
फिर गाय के दुग्ध-प्रसाद पर रखा सारा मास का आदेश।
ज्येष्ठ पूर्णिमा की रजनी, व्रत में पूर्ण तप का भाव,
वस्त्र और बृहती पुष्प से किया शिव का अभिषाव।

आषाढ़ शुक्ल चतुर्दशी पर, काले वस्त्र में शिव पूजे,
रुद्र के स्वरूप में देखा प्रेम, और अर्पण को सूझे।
श्रावण अष्टमी व चतुर्दशी, यज्ञोपवीत और वस्त्र चढ़ाए,
हर समर्पण में सती के प्रेम ने ब्रह्मांड तक हिलाए।

भाद्रपद कृष्ण त्रयोदशी पर, पुष्प-फल अर्पित कर ध्यान किया,
चतुर्दशी पर जल ग्रहण कर, जीवन ही तप का प्रमाण दिया।
फल-पुष्प-पत्र नव कोमल, हर अर्पण शिव को समर्पित,
भोजन संयम, मंत्रोच्चार – तप का स्वरूप निर्मल प्रकाशित।

नंदा-व्रत पूर्ण हुआ तब, मन रहा शिव में सदा लीन,
न कोई और इच्छा शेष, न कोई दूसरा था दीन।

एक दृढ़ नारी, प्रेम की देवी, सब कुछ वारा शिव प्रेम में,
तप में, त्याग में, तन्मयता में, बसी रही बस उस नेम में।
नंदा व्रत पूरा होने पर, ब्रह्मा-विष्णु पहुँचे शिव-धाम में।
कहा– "ऐसा प्रेम, ऐसा तप, नहीं देखा त्रिलोक के काम में।"

10. मातृ या पत्नी धर्म?

प्रसूति बोल, भन्नाया दक्ष
कैसे पूरा हो सकता है व्रत, जब मेरा है दूजा लक्ष
प्रसूति आपने कहा था, ये बस एक जीवन का चरण
पर अब तो लगता है, यही बनेगा मेरा मरण

स्वामी, अब आप अपनी पुत्री का रखिए मान,
शिव को दीजिए उनका उचित सम्मान।
जिस प्रेम पर सती ने समर्पित कर दी साँसों की डोर,
उसी प्रेम को न करिए कलंकित अहंकार के शोर

दक्ष गर्जन कर बोला –
"नहीं, यह कदापि नहीं हो सकता,
मैं अपनी कुल-मर्यादा कभी नहीं छोड़ सकता
वह शिव, वह साधु, वह अवधूत,
कभी नहीं बनेगा मेरे कुल का जमाता
चाहे मुझे त्यागनी पड़े हर एक अभिलाषा

वाह स्वामी,
जिस तप में सती ने शिव को अपनाया निश्छल भाव से,

उसी तप को आपने बाँध दिया कुल के अभिमान के दांव से।
मैंने माँ बनकर देखा था उसके नेत्रों में उजास,
तुमने पिता बनकर देखा, बस कुल की मर्यादा और त्रास

"बस प्रसूति, अब न बनाओ खुद का उपहास
मैं हूँ प्रजापति – जिसकी आज्ञा से चल रही तुम्हारी हर श्वास

प्रसूति ने धीरज के आँचल में छुपा लिया अपना संताप,
पर ह्रदय की धधकती पीड़ा अब बन रही थी तप्त प्रताप।
वह जान बैठी कर रहा है दक्ष अतिरेक,
पर पत्नी धर्म अभी भी बाकी है शेष।"

"सती निशब्द हुई, पिता को देख उनके मूल स्वभाव में,
शांत खड़ी रही माता के अपमान के डरावने रूप में।
"मन उसका डोल गया, कैसे मिले पिता का आशीर्वाद,
जब दक्ष ने अनसुनी कर दी, मनु-पुत्री प्रसूति की भी बात

11. त्रिदेव संवाद

आँख खोलिए, हे महेश,
हम लाए हैं सती का संदेश।
नंदा व्रत किया पूर्ण सती ने
अब बताइए, प्रभु, क्या है आदेश?

विष्णु बोले शिव से –
मुझे है ज्ञात, आप नहीं अज्ञान,
वह पराशक्ति जो है सती में,
उसे आप गए हैं पहचान।

ब्रह्मा बोले –
"माफ करें मेरे पुत्र को हे महादेव,
अभिमान में वह भूल बैठा,
आप तो है उसके पिता के भी देव

शिव मंद मुस्काए,
नेत्रों में करुणा की धारा लहराए।
बोले शांत स्वर में महादेव –
मैं जानता हूँ हर आत्मा का भेद।
है प्रेम सती का सच्चा,

किन्तु उसका मन अभी भी है बच्चा,
नहीं है वह तैयार इस राह पर चलने को,
अभी भी मोह में है बंधी, ज्यों भ्रम में खो।

विष्णु-

आपका प्रेम ही उसे दिखाएगा राह,
वक़्त संग बुझेगा हर मोह
अभी है बंधी माया के प्रपंच में,
पर संग आपके, खिलेगी शक्ति अनंत में

हे महादेव, न करिए इस प्रेम की और परीक्षा
वह स्वयं शक्ति है, अनंत सृष्टि की दिशा
उसके नयनों में छुपी है अनंत रचना की कथा,
अब दूर करिए उनकी ये व्यथा।
वह तप की ज्वाला में स्वयं को तपाकर आई है,
प्रेम की थाली में समर्पण सजाकर लाई है।
हे नीलकंठ, स्वीकार करिए उसका अनुराग,
वह स्वयं सृष्टि का है प्रथम सुहाग

शिव ने मूँदीं आँखें, ओढ़ लिया ध्यान,
पर सती का नाम बना रहा अन्तर्मन का गान।
शांत दिखे तन, पर व्याकुल था प्राण,
सती से जुड़ने की तृषा थी अगोचर अग्नि समान

12. सहस्त्र प्रेम

आँखें मूँद बैठी थी सती,
नंदा व्रत की पूर्णता, भक्ति थी अति।
तन था थका, मन था मग्न,
और विश्वास था अंग-अंग।

उठो सती, आँखें खोलो,
मैं हूँ प्रसन्न,जो भी मन में, वो बोलो।
आज तुम्हारे हर दुख हरु
तत्क्षण तुम्हारे सारे सुख शुरू

नयन झुके, हाथ जोड़े सती उठी,
थरथराहट मन में, घड़ी-घड़ी।
लज्जा में होंठ कुछ बोल न पाए,
पर शिव ही शिव, मन तन समाए

सती का व्याकुल मन पढ़, बोले शिव भोले,
"माँगो सती वरदान माँगो, तुम्हारी हर इच्छा पूरी करू आज और अभी।"

सुन यह सती, फूले न समाए,

कहे स्वामी, दीजिए जो मेरे मन को भाए।
न मुझे इच्छा महलों की,
न चाहिए मुझे माला-गहनों की।

मुझे तो बस चाहिए उसका साथ,
जो रहता हर पल मेरे हृदय के पास।
हर जन्म में उसकी अर्धांगिनी बनू,
हर क्षण में बस उसी को चुनू।

यह सुन शिव मंद मुस्काए,
कहे सती, तुम ही हो जो मुझे पूर्ण बनाए।
खेद है मुझे तुमसे वियोग का,
पर यही था नियति का संयोग।

तुम हो मेरी आस्था की धारा,
मैं हूँ तेरी खोज का सितारा।

बस ये जन्म नहीं, हर जन्म तुम ही मेरी अर्धांगिनी हो,
तुम ही मेरे अस्तित्व की सम्रागिनी हो।
तुमसे ही मेरे जीवन का हर रूप,
तुम ही मेरे शव की शक्ति का स्वरूप

13. सती स्वयंवर

स्वर्णमय सभामंडप सजा, नक्षत्रों ने की दीप सजाए,
दक्ष प्रजापति बोले गर्व से – आओ देवगण, स्वागत पाए।

देव, मुनि, राजा, अग्नि और इन्द्र,
सब खड़े थे, धरे गौरव की मुद्र

सती सजी स्वर्ण चंदन-सी, गंधर्व भी जिन पर निहारें,
नयन पूर्णिमा के दीप समान, जहाँ देवगण भी पूजन उतारें
वरमाला थामे कोमल करों में, वधू बनी वह सृष्टि की रानी
सौंदर्य का हर शब्द जैसे, बन गई उसी की कहानी

सभा में शिव को न देख, मुरझा गई सौंदर्य की कली,
ना देवों में, ना राजाओं में, ना मुनियों में वह खीली।
हर मुख में खोजे वह अपना चिरसखा,
हर दृष्टि में ढूँढे वह पिया,
सोचती, "कहाँ हो तुम, स्वामी?"
बैठी रही आशा से हर क़तरा लिया।

सती को व्याकुल देख दक्ष बोला,
"चुनो सती, वर तुझे जो हो भाए,

झिझक नहीं किसी से, सबमें दिव्यता समाए
और हर रूप में तेज लहराय
सुन पिता की वाणी, सती ने धैर्य गवाए,
छा गए दुख के बादल, उमड़-घुमड़ मन भर आए।

ना मिले शिव किसी भी छवि में आए,
आवेश में माला गगन-पथ बहाए।

अचानक गगन में गूँजा घनघोर,
काँप उठी धरती, थर्राया हर ओर।
वीणा थमी, शंख रुक गए,
सभी दिशाएँ मौन चुक गए।

और वहीं, उस दिव्य क्षण में,
शिव प्रकटे अग्नि-प्रभा के वरण में।
त्रिशूल कर में, डमरू की टंकार,
महाकाल साक्षात्, भव्य अवतार

सती की आँखों में चमकी पहचान,
मन ने गाया अपना मधुर गान।
धन्य हो स्वामी, जो वचन निभाए,
वरमाला सीधे शिव के गले में जाए।

दक्ष स्तब्ध, हो गए निःशब्द,
ब्रह्मा ने कहा, "सुन दक्ष, अब तु कुछ समझ
यह है सृष्टि का निर्धार,
तुम्हारे हृदय की घृणा को न अब कोई धार।

देखो! यह समय है शिव-सती के मिलन का
जो होगा शाश्वत अमर,
छोड़ जिद, ना हो इसमें कोई शरम

दक्ष ने हामी भरी, मानी ब्रह्मा की वाणी,
प्रसुति कहे पूरी की, सती ने अपने मन में जो ठानी
शिव के गालों पर एक हल्की मुस्कान,
चल पड़ी सती, लिए आँखों में सम्मान।

14. कैलाश आगमन

हिमगिरि की चोटी पर जैसे स्वयं चंद्रमा उतर आए,
सती ने रखा प्रथम चरण, और वायुमंडल गंध से भर आए।

शिवगणों की आंखों में आशा, वर्षों की साधना मुस्काई,
नंदी दौड़ पड़ा आगे, आँसू संग वंदना लहराई।

नंदी ने देखा सती का रूप अलौकिक, सौम्य, उज्ज्वल,
गा उठा संसार सारा, हो उठा जीवन प्रफुल्ल!

"माता आ रही हैं!" उसने गगन को पुकारा,
बरसों की तपस्या, अब जाकर रंग लाया सहारा।

उसके नेत्रों से अश्रु रुक न पाए,
कभी हँसे, कभी रोए—स्वयं को भी न समझ पाए।

नंदी ने न सोचा था कभी, वो माँ की ममता पाएगा,
पर आज उसे लगा—शिव के साथ माँ भी कैलाश लाएगा।

भागा वह आगे, धरती को चूम
"स्वागत है माता!" कहा मस्ती में झूम

सती ने देखा उसकी आंखों की प्यास,
मुस्काई वह कोमलता से—दे दिया उसे स्नेह का प्रकाश।

उसके शीश पर हाथ रखा,
और सहलाते हुए कहा
"तूम ही मेरे पुत्र सदा।"
नंदी, मेरा प्रथम दुलारा बना

नंदी की सांसों में समा गया वो क्षण,
जैसे मिल गई हो आत्मा को उसका सबसे प्यारा धन।

उसने ना माँगा कुछ, पर सब कुछ पा गया,
माँ की ममता में भीग, नंदी पूर्णता में समा गया।

ब्रह्मा ने फूल बरसाए, विष्णु ने किया वंदन,
सरस्वती ने वीणा छेड़ी, लक्ष्मी लाई मंगल चंदन।

हर स्वर, हर रूप, हर प्रकाश एक ही बात कहे,
"जो अचल प्रेम में स्थिर हो, वही शिव का हृदय सहे।"

आशंका की हल्की रेखा थी, पर विश्वास की थी धारा,
शिव की मुस्कान देख लगा, जैसे मिल गया किनारा।

और जब शिव ने आगे बढ़, चुपचाप हाथ थामा,
सती ने झुकी पलकों से कहा—"अब मैं सम्पूर्ण हूँ, हे त्रिपुराधामा।"

15. सती के प्रेम वचन

चाँद झूल रहा था झूले के संग,
संध्या की नीरवता में गूंजा प्रेम का रंग।
सती और शिव, दो आत्माएँ समर्पण में मिली,
फूलों की माला, हाथों में हाथ, रात चुपचाप हँसी

हाथों में फूलों की लड़ी,
शिव ने धीमे से सती के हाथों में रखी।
हवा थमी, दीपक टिमटिमाए
सृष्टि का हर कण जैसे स्वयं झिलमिलाए

सती का सौंदर्य देख, सौंदर्य की देवी खुद शरमाई,
तारों ने थाम लीं चुप्पियाँ गहराई।
वन भी निस्तब्ध, दिशाएँ सुनसान,
बस गूँज रहा था प्रेम का मधुर गान।

सती के कमल नयनों में देख, शिव कहे, सती तू मुझे अति प्रिये

आज करते हैं आरंभ हम अपना नव-संसार,
जहाँ प्रेम होगा नियम, और विश्वास—अपार।
पर दे मुझे तीन वचन, लेकर इन आँखों में अनंत प्यार।

पहला वचन,
हर क्षण मेरा आदर करोगी,
चाहे हो मौन या वाणी, तूम सदा मेरा मान रखोगी
मेरी राह कठिन है, पर विश्वास ना डगमगाना,
तुम्हारे संग ही मेरी शांति का आशियाना

दूसरा वचन
कभी मुझसे असत्य ना कहना,
प्रेम की नींव पर झूठ ना सहना।
तुम्हारी आँखों में मुझे मेरा संसार दिखे,
और हर शब्द में बस सत्य ही बिखे।

और तीसरा वचन –
जो कुछ भी हो, मुझसे कभी ना छुपाना।
तुम्हारे भीतर का डर,
बचपन की भूली व्यथा,
या वो आँसू जो छुपाकर बहाए –
सब मुझ तक पहुँचने दो।
तुम्हारा हर अंधकार,
मेरे आलोक में समा जाए

सुन वचनों को सती, शीश झुकाए कहे–
"मुझे सब स्वीकार है, पति।
जो आप कहें, वही मेरा धर्म,
जो आप सुनें, वही मेरा स्वर,
जो आप करे ,वही मेरा कर्म

शिव ने सती की आँखों में निहार कर मुस्काया,
चाँदनी ने जैसे शरमाकर खुद को बादल में छुपाया।
प्रकृति ने उस क्षण थाम लिया समय का बहाव,
और रच गया वचनों से बंधा एक शाश्वत भाव

16. प्रेम की त्रिलोक प्रतिज्ञा

वचन मांगे है आज,
पर साथ ही दूँगा तुझको, हर सुख का सरताज

जब मैं वचन माँगता हूँ तुझसे प्रिये,
तो खड़ा हूँ स्वयं भी वचन निभाने के लिये
तुमसे जो माँगूँ, उसे खुद भी निभाऊँ,
हर दर्द, हर हर्ष, संग-संग अपनाऊँ

पहला वचन – सम्मान का

तुम्हें सदा मिलेगा मान,
ना सभा में कमी, ना एकांत में अपमान।
तेरा गौरव मेरा गौरव है सती,
तेरी मर्यादा है मेरी सबसे पहली नीति।

तू है मेरी ऊर्जा की पूर्ण अभिव्यक्ति,
तेरे बिना अधूरी मेरी हर शक्ति।
यह सत्य मैं युगों-युगों तक गाऊँ,
हर जन्म में तुझमें ही समाऊँ।

तेरी इच्छा ही होगी मेरी मर्यादा,
तेरे स्वाभिमान का मैं पहरेदार सदा।
जिस राह तू चले, मैं साथ चलूँ,
तेरे हर संकल्प में अपना जीवन मलूँ

दूसरा वचन – निष्ठा का

हर जनम तुझको अर्धांगिनी पुकारूँ,
तेरे बिना ना किसी और को निहारूँ।
ना नेत्र भटके, ना मन डोले,
तेरे सिवा कोई हृदय में ना बोले

मैं तुझमें देखू अपनी आधी आत्मा,
तूम ही मेरे लिए सदा परमतमा
तेरे हर निर्णय को मैं समझने की चाह रखूँ,
तेरे हर मौन को भी मैं मन से सुनूँ

तू जो चाहे, वो पहले मेरी समझ बने,
तेरे हर विचार से मेरी श्रद्धा जुड़े
ना निर्णयों में अकेली हो तू कभी
तेरी बोली है मेरी ,आज से और अभी

तीसरा वचन – रक्षा का

तेरी रक्षा मेरा धर्म होगा सदा,
ना तुझ तक कोई संकट आए, जब तक मैं खड़ा।
जब तू कांपे, मैं तुझमें हिमालय सा स्थिर बन जाऊँ,
तेरे हर भय को अपने हृदय में समाऊँ।

मेरे अस्त्र नहीं, मेरा आशीष तेरा कवच बनेगा,
तेरे चारों ओर मेरा प्रेम पहरा करेगा।
ना तू कभी अकेली हो इस संसार में,
जब-जब अंधेरा घिरे,
तब-तब जलूँगा दीप बनकर तेरे द्वार में,

तू कांपे तो मैं पर्वत बन जाऊँ,
तू रूठे तो मैं राग बन जाऊँ
तेरे आँसुओं से पहले मेरी आंखें भीगें,
तेरी पीड़ा से पहले मेरी आत्मा चीखें

शिव-सती के वचनों को देख, सृष्टि की आँखें भर आईं,
नज़र उतारे वो खुद, जिनकी पूजा सबने पाई।
चाँदनी भी थम गई, फूलों ने राह सजाई,
पर इस ख़ुशी में भी एक मौन था,
आने वाले संकट की आहट समाई।

धूप थी, पर छांव भी साथ आई,
हर मुस्कान में एक चिंता छुपाई।
प्रेम अमर था, पर परीक्षा भी तय थी,
भाग्य की रेखाओं में एक उलझन थी समाई

17. ब्रह्म यज्ञ

भगीरथी की धार थी शांत, पर हवा थी तूफ़ान की,
मंच सजा था यज्ञ का, कथा थी अपमान की

जहाँ ऋषि मरीचि ,और सारे प्रजापति जुटे, रचने यज्ञ महान,
देवताओं का वहाँ निवास था, ऋषियों का सदा सम्मान।
सृष्टि की आँखों ने देखा यज्ञ का शुभारंभ महान,
ब्रह्मा के वर से पावन था वह पुण्यस्थल समान।
देवों की गूंज थी, मंत्रों का था गान,
हर दिशा में गूँज रहा था वेदों का सम्मान

तभी तेज से भरकर आया एक, मानो अग्नि चले अवतार,
दक्ष प्रजापति गर्व में डूबा, जैसे सूरज करे प्रहार।
चला सभा में तमतमाता, गरिमा की ओट में आग लगाए,
नज़रों में अहं की ज्वाला, शब्दों में व्यंग्य की छाया छाए।

देवताओं ने झुकाया शीश, ब्रह्मा ने दिया उसे मान,
सभा में बैठा दक्ष फिर, भरा हुआ अभिमान।
पर जिसकी ओर गई दृष्टि, वो था योगी महान,
त्रिनेत्रधारी शिव, ध्यानमग्न, ब्रह्म में लीन संज्ञान।

ना वंदन, ना अभिनंदन, ना कोई औपचारिक बात,
मौन था वह महातपस्वी, करता आत्मा से मुलाक़ात।
वासुदेव में खोया मन, तन से भी परे प्रतीत,
शिव की उस निःशब्दता से, जल उठा दक्ष समस्त चित्त।

अहंकारी दक्ष का रक्त अब उबाल खा गया,
शिव के मौन को उसने अपमान मान लिया।
क्रोध में उठा सभा में, स्वर में विष, पर मुख पर शांति,
शब्दों में थी मर्यादा, पर भीतर जलती थी भ्रांति।

“हे देवों!” कहा उसने, “मैं कहता हूँ धर्म की सभ्यता,
न सम्मान मिला मुझको, ना देखी मेरी गरिमा की दृष्टा।
मैं पिता समान, वह है मेरा जामाता,
फिर क्यों न झुका शीश, ना कहा कोई मधुर वार्ता?”

“वह जो श्मशानों में रहे, भूत-प्रेतों से जो खेले,
भस्म रमाए अंगों पर, मुण्डमाल को जो ले ले।

मैंने कन्या दी इसे, पिता के कहने पर,
नहीं था अपना मन,
पर अब प्रतीत होता है,
किया मैंने एक भारी भ्रम।”

“जिसे कहते हैं ‘शिव’ – शुभ – वह है अशुभ का भंडार,
मन में है विकार, और सदा लेकर चलता संहार।”
सभा स्तब्ध, देव मौन, ऋषि न बोले कोई शब्द,
सबके भीतर लहराई लज्जा, कुछ के भीतर जगा क्रोध।

पर शिव? थे मौन, जैसे शून्य में गूंजता कोई गान,
ना व्यंग्य से विचलित, ना अपमान से परेशान।
तप में लीन, जो न डरे काल से, न माने लोक की बात,
जिसकी चुप्पी भी गूंजे, वह ही तो है ब्रह्म की बात।

उनकी शांति में था तेज, जैसे अमावस में चाँद की आस,
जो रहे अडिग आदर्श पर, सह ले हर उपहास।
जो अपमान में भी न हिले, न विचलित हो मन,
वही शिव है, जो हर प्रसंग में दिखाए सही चलन।

18. स्थिर शिव : श्राप से परे

देख शिव का तप, बढ़ा दक्ष का संताप,
कर दी नादानी, जिसके लिए आज भी करता होगा वो ग्लानि।
ना दिखाया धैर्य, जताया अपना शौर्य,
दे दिया शिव को श्राप –
और कर दिया महापाप।

तू योग्य नहीं, न पूज्य है,
जो मेरा अपमान करे, वो मूर्ख है
न करेगा कोई तेरी पूजा
यही कहेगी मेरे तन की ऊर्जा!

तूने ही दिया था मेरे पूज्य पिता को अभिशाप
आज खुद चख अपने किए का प्रतिताप

सुन ये सब
शिव फिर भी थे शांत,

नंदी ने लिया अनंत तान,
हाहाकार से कांप उठा यज्ञ स्थान

उठो!" गरजा नंदी, "अब न्याय का समय है रे,
दक्ष! तू मूर्ख है – इस मानव जाति से परे!
जिसने अपमान किया शिव का,
उसका अंत निश्चित है,
अब तांडव होगा –
यही विधि की रीत है!

सुन, दक्ष! गरजे नंदी, क्रोध में अग्नि सम जलते,
तेरे मस्तिष्क में जो अभिमान है
वही बने तेरा अंत रे,
जिस रूप पर तुझे गर्व है, वही तुझसे हारे,
तेरा अहंकार तुझे अब नरक के द्वार उतारे।

बकरे का मुख पहन, तू यज्ञों का रक्षक कहलाए,
पर हर नगर में अब हँसी का पात्र बन जाए।
घूमेगा तू, ना सम्मान बचेगा, ना शान,
तेरी कथा बनेगी अभिमान के पतन की पहचान!

नंदी ने मुख घुमाया, नेत्रों में ज्वाला छाई,
साधु-संतों पर गुर्राया, वाणी में बिजली सम आई।
"ब्राह्मण कुल! यहाँ आना मेरी भूल,
जो शिव का अपमान सहे,उसकी आत्मा बने धूल
मैं देता हूँ तुम्हें शिक्षा,
घूमो तुम हर द्वार, माँगो भिक्षा

कमा सकोगे अब केवल अपने ज्ञान से ही,
पर खा सकोगे उतना

जितना द्वार-द्वार से पाओगे अभी

देख नंदी का संताप,
शिव उठे करने अपने पुत्र को शांत।
कहा– "नंदी, तूने मुझे पहचाना नहीं,
ना कर क्रोध, ना कर घृणा,
कोई श्राप, कोई अभिशाप, ना लांघ पाए मेरी सीमा

व्यर्थ ही ब्राह्मणों को श्राप दिया,
ना छू सके मुझे कोई घृणा या पीड़ा।
मैं तो हूँ वह जिसे काल भी न बाँध पाए,
जिसकी शांति में तांडव भी मुस्काए।

19. शिव-श्रद्धा पर प्रहार

भृगु मुनि का क्रोध, कैसे किया ब्राह्मणों का तिरस्कार
मानो तप की ज्वाला में जले धैर्य का संसार।
नंदी के वचनों ने चीर दी मर्यादा की डोर,
उठा भृगु का मन, जैसे भूचाल का शोर।

"जो शिव को पूजें, जो उनका नाम जपें,
वे धर्म से हटें,
वेदों से विमुख हों, ज्ञान से अंधकार में जाएं,
मंद हो बुद्धि, जीवन में पथ न पाए।

उनके तन पर राख लिपटे, जटाएं हो विकराल,
अस्थियाँ पहनें आभूषण, करें धर्म का जाल।

मदिरा बने अर्घ्य, पूजा में हो दोष,
संस्कार मिटें, बस रहे आत्म-रोष।

यह श्राप था वज्र सा, गूंजा देवलोक तक,
काँप उठे ऋषि-मुनि, थम गए यज्ञ के रथ।

शिव रहे निःशब्द, न निकली कोई ध्वनि,

मन में उठी वेदना, जैसे टूटे कोई अनंत कड़ी।।

देखा प्रिय भक्तों को अपमानित होते,
शिव ने सह लिया मौन, सब विधियों को रोते।

धरती पर छा गया सन्नाटा, थमे यज्ञों के राग,
शिव बिना अधूरी थी हर पूजा, हर माँग।
ना देवता ना मानव, कर सके कोई अनुष्ठान,
जब तक शिव न लौटें, ठहर गया सृष्टि का गान।

20. सती या सीता ?

हे त्रिकालदर्शी, किस ध्यान में आप लुप्त?
आप तो स्वयं भगवान हैं, फिर कौन यह गुप्त

उत्तर देने निकले शिव, सती सहित चल पड़े राह,
त्रेता युग की धरती थी वह, जहाँ रच रही थी राम की चाह।

वनों से होते, नदी किनारे, पहुँचे दण्डक वन के पास,
जहाँ प्रभु राम दुखी खड़े थे, जैसे छूटा हो कोई निवास

हाय सीता! यह पुकार, छलके अश्रु नयन से,
विरह-वेदना से तड़पते, हृदय भरा व्यथित क्षण से।
राजा राम, सूर्यवंशी, दशरथ पुत्र महान,
इस पीड़ा में हो गए जैसे निस्तेज और अनजान।

विलीन था तेज उनका, व्याकुल था मन भारी,
नक्षत्र विपरीत हुए थे, हर दिशा थी अंधियारी।
शिव ने जब देखा प्रभु को, मन हो उठा भावुक,
नत मस्तक हुए तत्क्षण, नेत्रों में था प्रेम अनुक।।

"विजयी हो प्रभु राम!" शिव ने कहा हर्षित मन,

लक्ष्मण संग थे वन में, तेज से पूर्ण तपस्वी जन

भक्तों पर जो अनुग्रह करें, वह प्रभु स्वयं नमित हुए,
राम के चरणों में शिव, समर्पण में पूर्ण हुए

मोह में डूब सती, संशय से शिव को देख,
उनकी माया में उलझीं, न पा सकीं वह दिव्य रेख।

शिव मुस्कुराए, बोले स्वर गंभीर,
"वह राम हैं सती, धर्म की प्राचीर।

विष्णु के अवतार, रघुकुल के मान,
धरा पर उतरे हैं करने अधर्म का त्राण

सती बोली – "पर भगवन्, क्यों आँसू बहाएं?
ईश्वर जो हों, वे रोकर दुःख क्यों जताएं?"
शिव बोले – "प्रेम जहाँ सच्चा
वहाँ भावों का भी पथ पवित्र अच्छा

पर सती का मन था उलझा, संशय में बंधा,
प्रश्नों से भरा, अहंकार से ढका।
सोचा – "क्यों न परखूँ मैं राम का ज्ञान,
क्या वे सच में हैं प्रभु, या कोई साधारण इंसान?

सीता का वेश धर पहुँची वह राम के द्वार,
बोली – "हे प्रभु, मैं हूँ आपकी सीता अपार।"

राम ने देखा, मुस्कराए शांत भाव से,
कहा – “नमो मातेश्वरी सती,” प्रेम छलका हर पाव से।

सती सकुचाईं, हुआ अंतर में भारी संकोच,
जिस सत्य की ली परीक्षा, वहीं मिला उन्हें लोच।
वापस लौटीं, मौन थीं, मन में था अपराध,
श्रद्धा जो टूटी एक बार, लौटी न उसकी याद

शिव ने देखा सब कुछ, मौन रहा उनका मन,
पर भीतर उठी ज्वाला, जैसे थमता ना कोई क्षण।

वो बोले शांत स्वर में, पर शब्द थे अग्निबाण,
सही था परखना राम को, यह तेरा अधिकार महान

पर जिस रूप में तूने ली परीक्षा,
वह रूप मेरे लिए पुत्री है – कहे हर दिशा

अब कैसे देखूं तुझमें पत्नी का रूप,
जब आँखों में बस गई बेटी की छवि अनूप।

जो बन गई तू सीता, रचा मायावी जाल,
वहीं डगमगाया श्रद्धा का निर्मल हाल।

अब न रहा वह पूर्व भाव, न प्रेम का उजास,
जहाँ विश्वास नहीं, वहाँ न बनता निवास।
मैं करता हूँ तेरा त्याग, यह अंतिम संवाद,
और इसी क्षण हो रहा हूँ अंतर्ध्यान आज

21. आत्मसम्मान या मोह?

ब्रह्म यज्ञ में जो हुआ, वह दक्ष भूल न पाया,
शिव का तटस्थ मौन, उसे हर क्षण सताया।
ना क्रोध किया, ना उत्तर दिया उस क्षण,
पर अपमान की चिंगारी बन गई भीषण अग्निकण।

"अब देखेगा वह योगी," दक्ष ने ठाना,
बिना कहे कुछ, प्रतिशोध का दीप जलाना।
यज्ञ रचा, विशालतम, देवों को न्योता भेजा,
किन्तु शिव और सती – उन तक आमंत्रण न पहुँचा।

स्वर्ग से गंधर्व आए, ऋषि-मुनि सब पधारे,
सभी दिशाओं से शोभा, यज्ञ भूमि पर उतारे।
किन्तु कैलाश शून्य रहा, आमंत्रण से रहित,
एक मौन तिरस्कार, छिपा भीतर का विचलित।

सती ने सुना, जग की लहर से समाचार,
पिता ने रचा यज्ञ – फिर क्यों है यह व्यवहार?
"शायद कोई भूल हुई हो," – सोच बनी सरल,
मन में उठे प्रश्न, पर भाव रहे कोमल।

वह बैठी शिव के समीप, ध्यानमग्न योगेश्वर,
न बोली एक शब्द, न तोड़ी वो क्षण भर का समर्पण स्वर।
अंतर की पीड़ा बढ़ी, पर संयम से रही बंधी,
“वे उठें, कहूँगी तब... शायद कोई बात छिपी।”

कुछ क्षणों के पश्चात्, थमा अंतर्मन का गीत,
शिव ने खोलीं नयन, देखा – सती चरणों में प्रीत।
जैसे साधना के मध्य टूटी कोई वाणी,
शिव ने पूछा स्नेह से – “क्या है तुम्हारी कहानी"

सती ने धीमे स्वर में कहा, बंधी व्याकुल साँस,
“पिता ने यज्ञ रचाया है, पर हमें न भेजा आमंत्रण-पत्र या समाचार-प्रकाश।
हो न हो कोई भूल हुई होगी, कोई भ्रांति ही रही,
भला पिता यज्ञ करें, और पुत्री को न कहें सही?”

शिव बोले शांत स्वर में –
"आमंत्रण नहीं, तो न जाएँगे सती,
दुःख और पीड़ा का घूँट पी लो तुम अभी।
सम्मान जहाँ ना हो, वहाँ उपस्थिति व्यर्थ है,
जहाँ सत्कार नहीं, वहाँ मौन ही श्रेष्ठ है।"

सती की आँखें भर आईं, स्वर हुआ करुणामय,
स्वामी, मैं अपने पिता के यज्ञ में न जाऊँ – यह कैसा न्याय?

मैं हूँ पुत्री, ना सही आमंत्रण, पर है मेरा भी वहाँ स्थान,
जहाँ जनमी थी मैं कभी – क्या छिन गया अब वह भी मान?

शिव (गंभीर स्वर में, उठते हुए)

जो आमंत्रण से वंचित करे, वो स्वागत कैसा होगा?
जहाँ सम्मान न बचे, वहाँ जाना आत्मघात सा होगा

हठ मत करो सती, वहाँ जाना न सही,
वो यज्ञ नहीं—प्रपंच है, चाल कोई विधि रची।

उस अग्नि में न आहुति, बस द्वेष की ज्वाला है,
उस यज्ञ में तुम्हारे लिए बस विष का प्याला है

सती थीं मौन, पर हृदय ने जाना – शिव अब साथ न चलेंगे,
पर माया में डूबा मन, बार-बार प्रश्नों में ही बहेंगे।
"क्या मैं जा सकती हूँ अकेली?" – यही गूंजता बार-बार,
और यहीं से आरंभ हुआ, वह दुखद एकांत विहार।

22. शिव की पुकार

शिव बोले, "नहीं सती, मैं तुम्हें यह आज्ञा न दूँगा,
चाहे कुछ भी हो जाए, तुम्हारा हठ मैं न मानूँगा।
वहाँ बस विकृति है, पीड़ा और काल की छाया
समझो मेरी बात, और दूर करो यह मोह-माया

सारे कष्ट तुम्हारे साथ चलेंगे, हर घड़ी में दर्द होगा तुम पर भारी,
फिर क्यों जाओ उस आग में, जहां सुख नहीं, बस जलन की आंधी
और तन्हाई है जारी

जहाँ आदर नहीं, वहाँ यज्ञ नहीं पुण्य का होगा,
तुझ पर जो बीतेगा, वो हर जन्म संग सोएगा।

जब-जब तेरा मान टूटे, तेरी आत्मा रोएगी,
बाहर से हँसी, भीतर से तू संचित विष ही बोएगी।
सिद्धि नहीं वो यज्ञ, वो तेरा संताप बनेगा,
हर तप, हर ध्यान, उस पीड़ा से ढलेगा।

मुझपर विश्वास करो, और ठहर जाओ सती,
मैं हूँ तुम्हारा शिव, तुम्हारा ही पति।
जो देख न सको, वो मैं पहले ही देख चुका,

जो वचन ना कहो, वो भी मैं समझ चुका।

तुम्हारा मोह तुम्हें खींच रहा है वहाँ,
पर वहाँ ना प्रेम है, ना कोई सच्चा जहाँ।
यह हठ नहीं, यह जिद नहीं, यह एक प्रार्थना है मेरी,
रुको आज सती, यही है राह अंतिम तेरी।

सती (धीरे, किंतु दृढ़ स्वर में):
"आपकी बातों में सत्य है, आपके नयन में पीड़ा,
पर मन का मोह अब न सह पाए यह कड़ी दीड़ा।
मैं हूँ उनकी पुत्री, जो यज्ञ में सबको बुलाए,
तो क्यों न मैं, जो जनमी वहीं – सबसे दूर हटाए?

यदि न जाऊँ, तो आत्मा जीवन भर रोए,
और जो जाऊँ, तो क्या अपमान से हो न खोए?

पर मैं वहाँ जाऊँगी, नंदी संग मेरे,
क्योंकि हृदय का यह बोझ अब और नहीं सहे रे।
यदि अपमान ही लिखा है भाग्य की रेखा में,
तो सह लूँगी उसे भी, इस माया की लेखा में

सती (आँखों में जल, स्वर में कंपन):

तुम्हारे शब्दों ने आज मुझे पीड़ा बहुत दी है,
जैसे मेरी पीड़ा तुमसे दूर कहीं छिपी है।
नारी हूँ, पर पुत्री भी – यह द्वंद अब और नहीं सहूँ,
जाऊँगी मैं उस यज्ञ में, यह बोझ हृदय से कहूँ।

पर सुनो स्वामी – यदि वहाँ मेरा अहित हो जाए,
तो तुम आना – उस अहित के बाद मेरे साए।
यह मेरी कसम है, तुम्हें मैं दे रही हूँ आज,
ना तोड़ना इसे, चाहे हो कोई भी राज।

तुम शिव हो, पर मैं भी शिवार्धा हूँ तुम्हारी,
मोह नहीं, ये स्वाभिमान की पुकार है प्यारी।

शिव सब समझ के अंदर ही रोये,
भावनाओं के संग हिम बन के खोए।
ना अश्रु गिरे, ना शब्द मुख से आए,
पर भीतर एक ब्रह्मांड मौन में चिल्लाए।

"भला आदिशक्ति को मैं कैसे थाम लूं,
जो स्वयं सृष्टि है, उसे कैसे रोक लूं?
हठ है उसका, या नियति की चाल,
मैं शिव हूँ, पर उसके बिना अधूरा हर हाल।"

वो देखते रहे नंदी की ओर चुपचाप,
जैसे कह रहे हों – "साथ जाना अब है पाप।"
पर नंदी ने भी झुककर केवल यही कहा,
"जहाँ माता जाए, वहीं मेरा धर्म बहा।"

सती चल पड़ी, केश हवा में बहते,
शिव वहीं खड़े, किंतु भीतर कुछ कहते।

"जाओ सती, पर यह समय याद रखना,
जब अग्नि जले – तब मेरा नाम मन में रखना।"

23. सभा में सती

सती ने किया कैलाश से विदा, मन में था मिश्रित भाव,
पीड़ा भी थी, पर थी आशा – पिता देंगे प्रेम की छाँव
नंदी और शिवगण संग चली, हृदय में था धड़कता सवाल,
पग बढ़े यज्ञ की ओर, पर मन में था संशय बेहाल

हर कदम था भारी, पर संकल्प से भरी थी चाल,
मन कहे – **"पुत्री हूँ उनकी", बुद्धि बोले – "है ये जाल।"**
यज्ञ की ओर बढ़ते हुए, जब पहुँची वो द्वार समीप,
सजी थी सभा, चमकते थे रत्न, पर भीतर था कुछ अतीव।

देवगण विराजे थे, ब्रह्मा, विष्णु और सरस्वती,
लक्ष्मी मुस्काईं क्षण भर, पर न बोली कोई सखी।
वातावरण था मौन, पर दृष्टियाँ थीं बहुत कठोर,
जैसे सती की उपस्थिति से काँप गया हो वह भोर

माँ प्रसूति को देखा तो हृदय भर आया,
वो दौड़ीं सती से लिपटीं, पर आँखों में प्रश्न भी समाया।

तभी सभा में गूंज उठा एक स्वर कठोर,
दक्ष खड़े थे तिरस्कार लिए, मुख पर था घमंड घोर

"तुम क्यों आई यहाँ, जब बुलाया नहीं तुम्हें,
यह यज्ञ है देवों का, न कि शिव जैसे के लिए"
तुम जिसकी अर्धांगिनी हो, वो एक क्षण न मुझको भाए,
चली जाओ यहाँ से, बिना शिव का गीत गाए।

ना उसका नाम यहाँ, ना उसका कोई स्थान,
जिसने धारण किया भस्म, त्यागा हर सम्मान।
ना वेदों में वह वंदनीय, ना हमारे कुल का मान,
उसका होना अपवित्र है, यज्ञ में न हो उसका गान।

सती कहे, "पिता, आप जिनके बारे में कहे,
वो मेरे पति, मेरे साये।

आपने ब्रह्म यज्ञ में उन्हें गलत समझा,
वो मौन थे, क्योंकि उनका संकल्प था सच्चा।

वो न उठे प्रणाम करने, क्योंकि वो जगत के पिता,
आपको ही पाप से बचाए, न कोई और है उनसे बड़ा।

उनके मौन में छिपा है गूढ़ ज्ञान,
जो समझ सके वही, पाए जीवन का असली मान।
शिव का अहंकार न था, न था कोई अभिमान,
उनका प्रेम ही था परम, उनका समर्पण था जान

दक्ष ने कहा, "मूर्ख सती, चुप रहो तुम,
तुम्हारी आँखों पे पट्टी है, दूर रहो तुम

उस कपाली को न कोई ज्ञान,
वह खुद है हर सृष्टि के नियम से अनजान।

सती कहे, "आप मुझे ही बोलें, जो भी है दिल में,
मेरे पति का नाम न लें, और शांत हो जाएं पल भर में
जो शिव को न समझ सके, वो कैसे कहे सही,
उनकी महिमा का अद्वितीय है रंग, हर रूप में छुपा कहीं

दक्ष हँसे – पर वह हँसी सती को छलनी कर गई,
मानो सभा की अग्नि, अब आत्मा तक जल गई।
बोले वो सबके समक्ष, गर्व से, बिना डर के,
"जिसे तुम पति कहती हो, वह बस भस्म और खंडहर के।"

"ना वंश, ना नियम, ना राजसी चिह्न कोई,
शमशानों में रहता – क्या वही योगी है तुमको प्रिय होई?
ना रथ, ना मुकुट, ना वैभव, ना कोई कांति,
वो शिव नहीं, बस अराजकता की है एक भ्रांति।"

सती की आँखें लाल, अब और न सहने को तैयार,

सती मुड़ी, देखे ब्रह्मा और विष्णु की ओर,
क्या तुम नहीं देख रहे, ये कैसा अपमान है घोर
कैसे चुप हो, जब मचा है इतना शोर?"

ब्रह्मा हाथ जोड़ें, कहे –
"मेरे पुत्र की बुद्धि हुई भ्रष्ट,
माफ़ करें देवी सती, उस पर कोई दृष्टि है अशुभ और कष्ट।

यह मेरी ही भूल रही, जो मैं उसे समझा न पाया
अपने घमंड में घूमता रहा, वापस लौट कर ही न आया।

विष्णु ने चेताया दक्ष को –
"अरे मूढ़ दक्ष, तू सत्य से अंजान,
जिसे तू अपमानित करे, वही है दुखों का निदान।
मत कर घमंड मेरे वचनों पर, जो तुझको मैंने दिए,
उस शिव के सम्मुख तो हम भी हो जाते हैं निरुपाय,ये जान ले सिये।"

विष्णु अदृश्य हुए, कहके –
"यह यज्ञ नहीं शिव के बिना सफल,
हे दक्ष, तू हुआ इस जीवन में सब कुछ पाकर भी असफल।"

दक्ष फिर भी न रुका, करता रहा शिव को अपमानित,

सुन सती के अंदर की शक्ति ने अब कुछ ठानी।

24. अधूरी बेटी, पूर्ण देवी

सती माँ की ओर देख बोली,
आँखों में जलती लज्जा की रोशनी
थी थोड़ी सी नम, थोड़ी सी रोष में डूबी।

"शिव ने कहा था –
'ना जाना, न निमंत्रण, न सम्मान,'
पर पिता-मोह में डूबी रही,
था मुझ पर पूर्ण अज्ञान।

उन्होंने समझाया था, 'यह यज्ञ नहीं, यह तो है एक प्रतिशोध',
पर मैं ही मूर्ख थी, जो करती रही उनका ही विरोध।

जलना तो मुझे होगा ही माँ,
क्योंकि मैंने तोड़े उनको दिए सारे वचन,
कैसे भूल गई मैं –
उन्हीं से तो है मेरा सृजन।"

"एक घमंडी और अंधे मोह में डूबे पिता की संतान,
यही रहेगी अब मेरी पहचान।
कैसे रहूँ इस पाप से अनजान,

जब मन स्वयं उठा रहा है अपने ही विरुद्ध तूफ़ान।

"देख अपनी पुत्री की हालत,
माँ प्रसूति ने की दक्ष से वकालत।
'प्रजापति दक्ष, मैं हूँ मनु पुत्री,
अब मौन हो जाइए – विपरीत हो गई है आपकी बुद्धि।

आपके साठ कन्याओं की मैं माता,
मुझसे ही बनी है आपकी हर गाथा।
यदि सती को कुछ हुआ – तो याद रखिए, प्रजापति दक्ष,
मैं भी त्याग दूँगी यह जीवन, अब नहीं बचा इसमें कोई रस

दक्ष ने अनसुनी कर दी प्रसूति की पुकार,
ना रहा उसे सती से भी कोई प्यार।
अपने ही घमंड में वह मुस्कराया,
और कहे जिस दिन तुमने उस कपाली से विवाह किया,
उसी दिन से मैंने तुम्हें ठुकराया।

अब कहती हो जलेगी – तो यही शायद सही,
शिव की अर्धांगिनी होना तुम्हारी सबसे बड़ी विनाश लीला रही

ये तीव्र वाणी सुन,
सती के भीतर की आदिशक्ति पूर्ण रूप से जाग गई।
देखते ही देखते, वह दिव्य विशाल रूप महामाया बन गई।

उस तेजस्वी विकराल स्वरूप को देख,
संपूर्ण सृष्टि थम गई।

दिशाएँ काँप उठीं,
और पूरी सभा घुटनों पर आ गई।

आदिशक्ति का वह स्वरूप देख,
ना कोई बोल सका, ना कोई सोच सका।
प्रजापति तक के होंठ सूख गए,
मानो वक़्त वहीँ थम गया

सती का विक्राल रूप देख माँ-बहनें काँप उठीं,
सती, सती पुकारें सभी
पर अब वह कोमल सती न थी कहीं,
आदिशक्ति, दुर्गा, पराशक्ति स्वयं सामने थी खड़ी।

25. सर्वस्व शक्ति

दक्ष – तू अब क्यों है शांत?
देख, मैं वही हूँ – जिसे तू समझ बैठा था नादान।
तेरे तप पर प्रसन्न हो, मैंने ही दिया था तुझे वरदान,
सोचा, बनेगा तू कारण – मेरे और शिव के मिलन का प्रमाण।
पर तू भूल गया – कौन हूँ मैं, क्या है मेरी पहचान।

देख मेरा विकराल रूप –
ना रही अब वो मौन, धैर्य की धूप।

मैं ही जल, मैं ही अग्नि, मैं ही वायु का वेग,
मेरा ही है ये सारा तेज

मेरी ही ऊर्जा से प्रकट हर स्वरूप,
ये हैं मेरे **दश महाविद्याओं** के रूप

तारा बन जग के भीतर छुपी जो दीप्ति,
मैं ही अनाहत की अंतिम शक्ति।
छिन्नमस्ता हूँ त्याग में ही मेरा श्रृंगार,
मौन में उठा शौर्य अपार

भुवनेश्वरी बन हूं दिशाओं की महारानी,
मुझसे ही शुरू हर जीव की कहानी।

काली की तरह, ज्यों समय को निगल जाऊँ,
त्रिपुरसुंदरी बन, त्रिलोक की थरथराहट बन जाऊँ।
धूमावती सी – शून्य का स्वरूप बनूँ मैं,
और **बगलामुखी** बन, विधि की गति भी रोक दूँ मैं।"

भैरवी सी – जहाँ नियम टूटे, वहाँ जागूँ,
भस्म कर दूँ, फिर नव रूप लागूँ।
कमला सी – धन, धर्म और दया की ज्योति बनूँ,
मातंगी बन, तंत्र की विद्या सिखाऊँ, छुपे रहस्य खोलू।"

बता – मेरे किस रूप से युद्ध करेगा?
तू क्या, त्रिदेव में भी नहीं कोई जो मुझे मात देगा।

मेरे बिना अधूरा था तेरा संसार,
मैंने ही सँवारे हर रूप, हर विस्तार।
मुझसे ही चला तेरा कुल, तेरा अधिकार,
फिर भी तूने दिया मुझे अपमान का उपहार।

मेरा सबसे सौम्य रूप भी है तेरे लिए भारी,
चाहूँ तो अभी खत्म कर दूँ तेरी कहानी सारी।

पर इस देह का तू दाता, नहीं करूँगी पाप,
जो फिर लगे कर्म का श्राप
नाही बनूँ किसी मोह की जाल में बंदी,

ना बोलूँ कोई वचन जो हो निन्दी।

करती हूँ त्याग मैं दक्षायणी का देह,
तभी तो मोड़ सकूँगी इस पद से अपना नेह।

लौट के आना है मुझे फिर उसी कैलाश,
जहाँ है शिव – मेरा शाश्वत प्रकाश

मेरे प्रिय पुत्र **नंदी**, न करना शोक,
मैं फिर आऊँगी, तुम्हें खिलाने भोग।
महादेव से मेरे तरफ से मांगना माफी,
मैंने भूल की है काफ़ी
नंदी, तुम्हारी हिम्मत होगी मजबूत,
मेरा यहाँ आने का मन था निर्मल, तुम ही मेरे सबूत

माँ प्रसूति को मेरा नमन,
फिर मिलूँगी कभी, किसी और जनम।
इस शरीर से जुड़े सभी सगे-संबंधियों को मेरा अंतिम प्रणाम,
लगा सती के जीवन को पूर्णविराम।
यह कहकर, दुर्गा ने शिव को मन से याद किया,

अपने योग की ज्वाला में तपाया स्वयं का तन
महादेव के नेत्र खुले – अब न था कोई 'सती' का वचन।
शिव की तांडव भरी चुप्पी ने थर्राया ब्रह्मांड का हर कण,
प्रेम था ये या प्रलय – न समझ पाया कोई जन।

26. जटाओं से निकला प्रलय

शून्य था शिव – समाधि में लीन,
पर अंतस में उठ चुका था एक करुण राग भी क्षीण।
सती के जलते तन की तप्त स्मृति,
बन गई ज्वालामुखी – जहाँ कभी थी शांति की गती।

खुला तीसरा नेत्र – कांपा काल,
गूँजी ब्रह्मांड में एक असहनीय कराल।
जटाएँ फड़की – धरती डोल उठी,
ग्रहों की गति भी भय से टल उठी।

एक जटा से निकली ज्वाला भयंकर,
ना था वह साधारण, ना कोई देव समर।
वह था वीरभद्र – शिव का प्रतिशोध,
क्रोध की मूर्ति, विनाश का शोध।

काले बादलों से गूंजा कैलाश,
शिव बोले – "जाओ, मिटा दो वो उपहास।
जिसने मेरी अर्धांगिनी को छला,
जिसने प्रेम को ही पत्थर से तौला।"

वह दक्ष – जो भूल गया मेरी दया,
आज चखेगा प्रलय की सच्ची माया।
वीरभद्र! तुम्हीं हो मेरे विकराल विचार,
ले लो उसका यज्ञ, ले लो उसका अहंकार

वीरभद्र ने झुकाया शीश –
"स्वामी, आज न्याय होगा पूर्ण निशीथ।
जहाँ सती को मिला था तिरस्कार,
आज वहाँ बहेगा सत्य का अंगार।"

यज्ञस्थल पर शिवगण पहुँचे गर्जन के साथ,
सुनो! अब चलेगा मृत्यु का रथ, न रहे कोई बात।
देवगण चौंके, यज्ञ डगमगाया,
वीरभद्र ने क्रोध से आकाश हिलाया।

ब्रह्मा ने अपने मूढ़ पुत्र को फिर समझाया,
"हे दक्ष, देख – तेरे अभिमान ने क्या पाया?
सती को जलाया, शिव को ठुकराया,
अब स्वयं काल को आमंत्रण थमाया।"

दक्ष भयभीत – विष्णु का स्मरण किया,
"हे माधव! आपने ही तो रक्षा का वचन दिया।
आपकी कृपा से आरंभ हुआ यह कर्म,
अब रक्षा करें, चाहे हो कितना भी धर्म-अधर्म!"

पर विष्णु भी चुप – ना चाहते हुए भी देना था दक्ष का साथ,
वचन बंधन में बँधा था धर्म, वरना शाप देता स्वयं उसी को प्रभात।

मन विचलित, नयन मौन – पर हृदय जानता न्याय का स्थान,
धर्म बनाम प्रेम का रण – पर अंत में सत्य ही पाएगा मान।

27. वीरभद्र बनाम विष्णु

वीरभद्र का गर्जन

हे विष्णु! तू कैसे शिव की वाणी को झुठला गया?
घमंड में चूर होकर किस दिशा में बहका चला गया?

क्या साहस है तुझमें शिव के वचन को लांघने का?
कौन है तेरा रक्षक, बता – इन तीनों लोकों का?

क्यों आया तू यहाँ? तेरा उद्देश्य क्या था?
दक्ष का रक्षक बन, तूने न्याय का मज़ाक उड़ाया था।

सती का तप, तेरा हृदय क्या भूल गया?
क्या दक्ष का अभिमान तुझ तक नहीं पहुंच सका?

तू भी यज्ञ में आया था दक्षिणा की चाह लिए,
अब देख – मैं तुझे टुकड़ों में काटूँगा, राह लिए।

त्रिशूल से चीर दूँगा तेरा उर – ये मेरा प्रण,
कौन आएगा रक्षा को? जब भस्म कर दूँ तन।

धरती पर पटकूँगा तुझे, फिर अग्नि में जलाऊँ,
राख बनाकर तेरी, उसे भी मैं मथ जाऊँ।

हे अधर्मी विष्णु! शिव से द्वेष रखने वाले,
तू नहीं जानता उनके चरित्र – उज्ज्वल, निराले।

फिर भी, अगर युद्ध को तू सामने खड़ा है,
तो सुन – वीरभद्र अब तेरे संहार को बड़ा है।

अगर साहस है, टिक कर युद्ध कर,
वरना शिव के क्रोध से बचना है दुस्तर।

विष्णु हँसे मंद मुस्कान में, बोले वीरभद्र से सरल वाणीमें

मैं शिव का दास, उनका सेवक, उनसे न कोई द्वेष मेरा,
पर दक्ष ने बार-बार पुकारा, यज्ञ बचाने को रहा मेरा फेरा।

वह अज्ञानी, कर्मों में अंधा, नहीं जानता सत्य का भाव,
मैं भक्तों के वश में रहता, शिव भी करें भक्तों पे घाव?

दक्ष भी है मेरा उपासक, उसी ने दी यह यज्ञ की थाली,
इसीलिए आया मैं यहाँ, निभाने वचन की जिम्मेदारी।

तू शिव के क्रोध से जन्मा, तुझमें है शिव का तेज अपार,
पर सुन वीर, अब मैं प्रतिज्ञा लेता, करूँगा युद्ध, करूँगा प्रहार।

रोक सको तो रोक लो मुझको, मैं शक्ति दिखाने को आया,

जो होना है वह होगा निश्चित, यही विधि का नियम साया।"

वीरभद्र बोले – "हे विष्णु महान, मेरी बात थी केवल परख की जान,

अब कहता हूँ मैं हृदय से साफ़, सुनो ध्यान से मेरे भाव।
शिव तुम हो, और तुम ही शिव – वेद भी यही वाणी कहें,
तुम दोनों एक ही स्वरूप हो – सत्य को ऋषि-मुनि भी सहें।

विष्णु बोले –

"हे महावीर, मत कर विलंब अब युद्ध में,
बाण चला, प्रहार कर मुझ पर – पूरे तन-मन के रुध में।

करो प्रहार बिना संकोच, न झिझको रण के बीच,
पर अंततः लौट जाऊँगा मैं अपने तपस्वी कक्ष की सींच

भय से थर्राया त्रैलोक्य, जब रणभूमि सजी अपार,
वीरभद्र और विष्णु में हुआ विकराल संग्राम अपार।
सुदर्शन उठा श्रीहरि ने, घुमाया नभ में तेजप्रवाह,
पर वीरभद्र ने क्रोध में भर, उसे निगल लिया एक ही सांस

जोर लगाया, तप का बल था – वापस आया चक्र महान,
पर हार मान ली विष्णु ने, झुकाया शीश, किया प्रणाम।
"हे शिवसुत, तू अद्भुत है, तुझसे न हो पाए समर,
मैं लौट चला हूँ वैकुण्ठ को, तू ही है शिव का अमर

28. मौन शिव

यज्ञभूमि में ज्वाला जली, क्रोध में काँपा आसमान,
वीरभद्र आया बन के प्रलय, शिव के आदेश का था मान।
त्रिशूल लिए, नेत्र अग्नि सम, चला वो दक्ष की ओर,
"अब मिलेगा तुझे दंड", कह चला वो सिंहनाद कर ज़ोर।

दक्ष खड़ा, भयभीत हुआ, पर अब समय था शेष नहीं,
वीरभद्र ने कटार चलाई, वह गर्दन अब रही कहीं।
रक्त बहा, दिशाएँ डोलीं, हर वेदपाठ थम गया,
दक्ष की आँखों से आँसू बहे – "ओम् नमः शिवाय" कह गया।

प्रसूति रोई, पुत्रियाँ कांपीं, सती की छवि नयन में आई,
शिव को पुकारा व्याकुल होकर – "हे नाथ! क्षमा हो यह क्षणदाई!"

विष्णु और ब्रह्मा भी पहुँचे, बोले – "हे महाकाल महान,
संहार हुआ, अब सृजन भी हो – यही है सृष्टि का विधान।"

विष्णु ने जोड़ा करबद्ध हो, कहा – "हे शिव दयालु नामी,
आपके नाम से मरण जिसे मिले, वो पाए मुक्ति स्वामी।
दक्ष ने कहा 'ओम् नमः शिवाय', क्षमा करें उसके अपराध,
उसके तन को दें जीवन फिर – यही हो शांति का प्रबाध।"

शिव ने देखा शांत नयन से, क्रोध की ज्वाला शांत हुई,
एक बकरे का शीश लगाया – और दक्ष में फिर साँस भरी।
दक्ष उठा, चरणों में गिरा, कहा – "हे प्रभु, मेरा अज्ञान,
मैं भूल गया कौन हैं आप – कर लीजे अब मुझे माफ़ महान।"

शिव मौन थे, कुछ बोले नहीं, बस सब देख रहे थे चुपचाप,
ना शाप दिया, ना कोई वचन – बस नयन में था शून्य ताप।
फिर उठाया सती का शव – वो प्रेयसी, वो जीवन का अर्थ,
जिसके बिना वो शिव नहीं – बस भस्म, बस विरक्त स्वरूप का पर्थ।

हृदय में था शोक अपार, नेत्रों में बस राख की लहर,
हर धड़कन में बस 'सती' – हर पल बना अब शोक का पहर।
गति थमी, सृष्टि रुकी, समय भी मौन खड़ा रह गया,
शिव का मौन क्रंदन सुन – स्वयं ब्रह्मांड भी बह गया।

न कोई विलाप, न चीख, बस एक धीरता थी घनी,
पर भीतर था तूफ़ान वो, जो किसी ने कभी न सुनी।
सती का तन, शिव की बाहों में – जैसे अग्नि को गले लगा लिया,
प्रेम में इतना डूबे कि मृत्यु को भी सौंदर्य बना लिया।

चल पड़े वो अंतरिक्ष की ओर – न पीछे देखा, न कोई बात,
प्रेम की वो अंतिम यात्रा थी, मौन में थी सारी सौगात।
देवता झुके, दिशाएँ कांपीं, शून्य ने ओढ़ा विराग,
शिव विलीन हुए ब्रह्मांड में – सती को लेकर, बिना कोई त्याग।

29. मनुष्य शिव

बिलख बिलख कर रोए भगवान,
सती-सती की पुकार बनी हर कान।

तुम कहाँ गईं, क्यों छोड़ गईं मुझे,
मैं न पहुँच सका अंतिम क्षण, सहना पड़ा अकेले तुझे

बाँध लिया था खुद को तुम्हारी उस नादान क़सम में,
अब जलूँगा हर रोज़ उसी सज़ा के दम में
क्या काम रहा शिव का नाम,
जब बचा न पाया तुम्हारा मान

ना रोका वो अपमान का वार,
ना आया समय पर लेने तुझे बार-बार।

माफ़ कर दो मुझे, हे मेरी प्रिय सती,
तुम्हारी पीड़ा को न समझा – ये मेरी सबसे बड़ी विडंबना रही।
तुम आई थीं एक नारी बन कर, कोमल मन की छाया,
और मैं... मैं तो था बस तप में लीन, मौन की माया।

तुमसे अपेक्षा कर बैठा कि सह सकोगी वो जगत का वार,

कि मेरी तरह तुम्हें भी न होगा कोई विकार।
भूल की वो भयंकर, अहंकार था मेरा,
तुम्हारे मन के स्पंदन को समझ न सका ये नेत्र अंधा मेरा।

जब अपमान सहा तुमने – मैंने मौन क्यों साधा?
क्यों न फट पड़ा वो क्षण ही मेरा माथा?
मैं तुम्हारे संग खड़ा क्यों न हुआ?
तुम जलती रही, और मैं ध्यान में लीन रहा

मैं त्रिलोचन, पर न देख सका वो जलन,
मैं त्रिकालदर्शी, पर न जान सका तुम्हारा क्रंदन।

अब मेरे आँसू भी लाचार
दिल की पुकार भी बेकार
अब मेरे तप भी व्यर्थ लगे,
ना कोई भी यहाँ मेरे सगे।

ब्रह्मांड में घूमे शिव अकेले,
सती को थामे, अश्रु थे मेले।
जानते थे, फिर मिलन होगा कहीं,
पर विदा की रीत भी निभानी थी यहीं।

भूल गए वो अपनी महिमा,
मनुष्य बने, सह ली पीड़ा सीमा।
भगवान थे, पर रोए जैसे कोई प्रिय हारा,
इसीलिए हर हृदय में उनका सहारा।

यही तो उनकी महिमा गहरी,
हर भाव में डूबी, हर आँख में ठहरी।
जो खुद दुख को जी गए इंसान बन,
वो ही तो शिव हैं – करुणा का अमृत तन।

।

30. भगवान शिव का पुनर्जन्म

देख शिव का हाल,
ब्रह्मांड हुआ बेहाल।
अब सृष्टि का विध्वंस दूर नहीं,
पहुंचे देवगण, हरी समीप कहीं।

"हे विष्णु! मदद कीजिए हमारी,"
कहा ब्रह्मा ने व्याकुल वाणी।
"महादेव दुख में डूबे हैं ऐसे,
सृष्टि को निगल लें वो वैसे।"

"अगर वो जलें, तो अग्नि बढ़े,
अगर वो रोएं, तो प्रलय गढ़े।
अगर मौन रहें, तो गति रुके,
हर दिशा में बस शोक फूटे।"

"अब क्या होगा, कैसे बचाएं?
शिव को उनके सत्य से मिलवाएं?
प्रेम में वो, पर ब्रह्म हैं वो,
मानव भाव में भी परम हैं वो।"

सुन विष्णु, विचलित उनका मन,
पर करना था फिर वही जो था नियम।
सती की विदाई का समय आया,
विष्णु ने अपना सुदर्शन चक्र बुलवाया।

चक्र ने सती के अंगों को इक्यावन भागों में विभाजित किया,
विरह में डूबे शिव ने हर पीड़ा को मौन में जिया।

जहाँ-जहाँ गिरे सती के अंग, वहाँ शिव ले गए रेत और ईंट,
स्थापित किए शक्ति पीठ, जहाँ हर शक्ति ने पाया अपना मीत।

धरा बनी तब साधना-स्थल, जहाँ स्त्रीत्व ने पाया तेज,
हर पीठ में झलकती है सती की चेतना की सेज।
ये न थे बस तीर्थ, थे शिव के प्रेम के अमर निशान,
जहाँ आज भी गूंजते हैं सती के अंतहीन बलिदान।

शक्ति पीठ बने दिव्य आधार,
वहीं शिव हुए फिर भगवान अपार।
पुनर्जन्म लिया जब भावों का तूफ़ान आया,
हृदय का कोना सती संग पुनः धरती पर भिजवाया।

फिर हुए तप में लीन शिव, मौन में सारा विष उतारा,
अबकी बार न प्रेम अधूरा हो, न फिर से कोई किनारा
शक्ति को अब अग्निपरीक्षा के बाद ही अपनाना,
केवल प्रेम नहीं, चेतना का सत्य भी है बताना

"मैं यहीं हूँ, सती," गूंजा वो स्वर ब्रह्मांड में दूर तलक,

"चाहे युग लगे आने में, मैं रहूँगा उसी आस पर अटल।
तैयार होकर आना तुम, बिना भ्रम, बिना भय,
मैं बैठा हूँ यहीं – हर जनम में, हर दिशा, हर पथ पर तय।"

"जैसे भी आओ, आओ – भस्म हो या पुष्पवर्षा संग,
प्रेम मेरा अमर रहेगा, चाहे रूप हो कोई भी रंग।"

31. माफ़ी देवी सती से

समय के साथ जो कहानी छुप गई,
सती की शौर्यगाथा कहीं खो गई।
उसकी उग्रता, उसकी अद्वितीय शक्ति,
अब बस एक अतीत का हिस्सा बन गई।

शक्ति पीठों में लोग आते हैं,
पर देवी सती का नाम नहीं समझते हैं।
कहाँ है वह शक्ति, जो सती की थी,
सिर्फ प्रतीक रह गया, वह ताजिंदगी की थी।

उसकी आस्था, उसकी शक्ति की बात,
समाज ने छोड़ दी, अपनी सोच के साथ।
उसका नाम अब जुड़ा हुआ है,
एक दुखद परंपरा से, जिसका कोई अर्थ नहीं है।

सती प्रथा को तुम्हारे नाम से जोड़ा,
तुम्हारा मनुष्य जाति ने किया हुआ सबसे बड़ा अपमान है।
जिसे कभी पूजा जाता था, जो थी महाशक्ति,
उसका रूप बदल दिया गया, अब वह है सिर्फ एक भ्रांति।

हे देवी सती, तुमसे माफी चाहती हूँ,
समाज ने तुम्हारी महिमा को न समझा,
तुम्हारी जो पहचान थी, उसे खो दिया,
लेकिन तुम्हारी शक्ति को कभी नहीं भुला पाऊँगी।

ये कविता तुम्हारे लिए ही है,
तुम्हारी कथा और व्यथा को पुनर्जीवित करने की एक छोटी-सी कोशिश।
ताकि लोग समझें वो बलिदान जो तुमने दिया,
और जो बाद में बनी प्रथा थी, वह तुमसे कितनी अलग थी – कितनी अन्यायपूर्ण, कितनी त्रासदी थी।

शक्ति के रूप में तुम हमेशा रहोगी,
तुम्हारी हिम्मत और साहस हम में जीवित रहेगी।
अब हर पीठ, हर नाम, हर मंत्र में
सिर्फ तुम्हारी गरिमा की गूंज होगी।

www.ingramcontent.com/pod-product-compliance
Lightning Source LLC
LaVergne TN
LVHW010837051026
849532LV00007B/2734
* 9 7 8 9 3 7 0 9 2 1 4 6 7 *